방

노 현 수

ⓒ노현수 2010 printed in Korea
ISBN 978-89-93643-02-2 03810

방

노 현 수

작가콜로퀴엄 시인선

작가콜로퀴엄 시인선 ❽
노현수 제1시집 **방**

차례

自序

❶

환한 어둠 / 12
링거병 치켜든 / 13
그늘에 기대다 / 14
적들의 꽃밭 / 16
에어 필라 / 17
알약 / 18
파장 / 19
허전한 점심 / 20
눈물이 이성이다 / 21
살아있어 아픈 / 22
방 / 23
쓸쓸한 풍경 / 24
낮잠 / 25
노숙 / 26
여름 / 27

❷

오렌지꽃 / 30
상처에도 꽃 핀다 / 31
비, 비/ 32

차 례

백일몽 / 33
무불사(無佛寺) 가는 길 / 34
풍금소리 / 35
오래된 소식 / 36
메니에르 / 37
둥근 구도 / 38
가벼워진다는 것 / 39
풍치 / 40
조는 동안 / 41
슬픈 호접몽 / 42

❸
피다 / 44
가을밤에는 졸지 않는 귀가 있다 / 45
장마 / 46
오래된 배냇힘 / 47
햇빛 은유 / 48
절정은 화려하게 폭발한다 / 49
봄꽃의 흰 목 / 50
여름은 가고 / 51
새처럼 날아가다 / 52
4월의 어깨 / 53
긴 하루 / 54
봄산이 분주하다 / 55
꽃눈 / 56

차 례

4

이슬 / 58
살아있는 말뚝 / 59
담쟁이 / 60
너도바람꽃 / 61
갈대 / 62
음지꽃 / 63
幻하게 사라지는 / 64
박넝쿨 / 65
칸나 / 66
낮달, 하늘에 빠지다 / 67
거미 / 68
이른 봄날을 앓다 / 69
生生해서 슬픈 / 70
곰팡이꽃 / 71
잡풀들이 / 72
한나절 놀다간 새 한 마리 / 73

5

移葬 / 76
花無十日紅 / 77
심우도 / 78
손등 / 79
몸 울다 / 80
가을이 운다 / 81
페튜니아꽃 / 82

차례

내력 / 83
저물녘엔 자꾸 목이 메인다 / 84
얼룩무늬 아들 / 85

작품 해설
관계(關契)의 시 · 문무학(문학평론가) / 86

작가콜로퀴엄 시인선 ❽
노현수 제1시집 **방**

自 序

오랫동안 가두어 놓았던 것들
막상 바깥으로 내보내려 하니
두렵다. 자세히 보면 모두가 상처뿐인 것을
어찌하랴, 그래도 내가 기댈 수 있는 건
저 상처의 말인 것을……
봄날이다.

1

환한 어둠

　아무것도 보이지 않는 어미의 눈이 된 어린 딸, 불안한 돌다리 건너가듯 더듬더듬 보이지 않는 생을 두드리며 간다 갈수록 어둠 같은 대낮 멀기만 하고 한사코 딸아이 손을 놓지 않는 어미의 투정, 깊고 캄캄할수록 더 예민해지는 촉각은 제 갈 길을 기억하고 있다 때론 보이지 않던 슬픈 것들 낮달처럼 내 안에 어룽거리고, 그늘은 희디흰 빛을 따라 간다
　어둠에 익숙한 구불텅한 길이 어린 몸을 지나간다

링거병 치켜든

　좌판에 한 무더기씩 놓여 시들어가는 나물, 저 푸른 몸들, 반나절 넘도록 누구 하나 시든 햇살 값을 물어보지 않는다 연신 햇볕과 바람 사이로 물을 뿌려대지만 등 굽은 할머니는 나물보다 더 목이 탄다 링거병 치켜든 환자 같은 나물들, 홍시처럼 물커덩 하루해 떨어지면 비틀 시들고 마른 침묵처럼 남은 나물들 이고 가는 등 굽은 할머니는 밤보다 더 무거운 어둠을 밟으며 집으로 간다

그늘에 기대다

해진 옷자락만큼이나 늙은 노인이
담배 한 대 피워 물고
말없는 바닥 내려다보고 있다

벌 한 마리
바닥을 빙빙 돌며 비실거리는 거동이
아무래도 심상치 않다
날개 가득
노란 꽃가루 한 짐 지고
꽃시절 어디 헤매고 왔나보다

담록색 치마 붉은 저고리 꽃각시
늦동백 뚝뚝 발등 깨던
사월 그 시절
어깨 허물도록 지고 다녔던 연장통
노란 꽃가루 더께가 노인의 눈에 내려앉는다

비비적거리며 벌
바닥에 자꾸 머리를 박는다
비틀비틀 몸 굴리며
구석으로 구석으로 숨는다

저 벌처럼 나도
그늘에 기대

몸 웅크린다

적들의 꽃밭

　그녀의 비밀이 풍선처럼 터졌다 그 비밀 이미 차갑고 아픈데, 너무 많은 희고 검은 바람의 눈동자들 우우우 달려든다 변명할 때마다 귀가 솔깃한 바람, 궁지에 몰릴수록 치졸해지고 잔인한 그녀의 비밀은 이제 꽃밭이다 입을 묻어버린 꽃밭엔 진드기들 끈질기게 달라붙는다 시퍼런 말에 베이 살이 아프고 짓밟힌 꽃밭이 서럽다 대응할 수 없는 저 철저한 참견들 그냥 낮게 엎드려 물끄러미 바라본다 새벽 별빛 옅어지듯 풍문 간간히 일고, 또 다시 패랭이꽃이 핀다 혹독한 적들의 꽃도 핀다

에어 필라

느닷없이 골목 안으로 쳐들어온 회오리바람

거리로 뛰쳐나온 풋내기 계집애 마냥

주점 불빛이 춤을 춘다

에어 필라, 미친 듯 바람을 흔드는

그녀의 취기 가득한 가벼운 몸뚱어리

지치고 고단할 땐 잠시 목백합가로수에 기대기도 한다

짙어가는 얼룩들, 점점 헐거워지는 시간들

밤이 거추장스러운 어둠을 벗듯

가로수 이파리 새벽 거리에 나뒹군다

에어 필라, 도시의 뒷골목을 휘청거리는

에어 필라, 네가 쉬고 싶은 그 자리는 어딘지

알약

  삼월의 어느 수요일, 바람 불고 누런 눈 날려 아, 입 벌리기 시작한 베고니아 꽃잎 헐어낸다 창밖으로 이름 알 수 없는 새 한 마리 수직으로 떨어진다 짓문드러진 뭉툭한 발가락 같은 맥문동 뿌리 얇은 잎 사이로 알약을 뿌린다 점점 몸 움츠려드는 늦은 이 시간 도시의 사람들처럼 알갱이들 어두운 맥문동 귀 속으로 들어가는지, 밤은 주검처럼 고요하고, 맥문동은 갓 넣은 부장품처럼 빨갛고 노란 색색깔의 알약을 제 몸에 쟁인다

파장

늦은 여름 풍각 장날
파리 떼만
주정꾼이 게워내는 욕설 곁으로 달려든다
이마에 그어진 주름살만큼
늙어버린 운동화
남루한 흔적들이 찰거머리처럼
군데군데 붙어 다닌다

한 사발의 막걸리가 되고
웃음이 될
떨이하지 못한 마늘 두어 접
시장 안 하루의 끝에 매달리고
걸쭉한 인정을 말아주던
뚱보아줌마국밥집 천막도 걷힌다

내 안으로 휘적휘적 걸어오는 어둠
하늘을 지우고, 그 사람을 지우고
내 언어를 지우고, 지우고
지친 발자국은 또
서쪽을 더듬는다

허전한 점심

 배달된 점심 그릇에 덮여온 신문지를 젖히자 냄비 속 엉킨 부적절한 기호들 뜨끈하고, 불그스레한 냄새 방 안 가득 뒤덮는다 젓가락 휘저어 건져 올린 생선 살, 밥풀 붙은 숟가락들이 들락거리며 부딪힌다 부적절한 난장판의 경고 같은 국물이 흐려지고, 긁힌 자국 더 깊은 빈 그릇이 허전하다 뒤집은 신문지엔 양념 묻은 부정, 불륜, 부도덕, 불(不)자로 얼룩져 있고, 여배우 활짝 웃는 입가에도 불그스레한 찌개 국물 묻어 있다

눈물이 이성이다

 하늘도 보이지 않는 빌딩 그늘에 싸인 골목 둘째 집 춘화가 살고 있다 저 혼자 억지웃음 지으며 이따금 골목 밖을 기웃거린다 한 번도 피워내지 못한 춘화의 꿈, 캄캄한 어둠의 그 틈새에서 햇살 따뜻한 뜰을 그리는 노래를 흩날리기도 한다 파편으로 자잘하게 부서져 내린 좁은 골목길은 어지럽다 홍등에 불빛이 들면 그냥 눈물이 흘러내리고, 그 눈물은 이성이었다 파도처럼 출렁이던 도시의 밤에는 별이 뜨지 않았는데, 평화교회 첨탑 불빛은 또 아무렇지도 않은 듯 그렇게 새벽을 맞았다

살아있어 아픈

저 어둠 같은 대낮 환하게 불 지르고 싶다 살아 있는 듯 죽은 듯 서 있는 검은 가로수, 노숙자의 망가진 겉옷처럼 자꾸 헐렁해진다 겨누어야 할 敵도 없는 저 수굿한 몸, 모진 바람에도 그저 침묵뿐이다 검은 비닐봉지 가볍게 허공에 날린다 저것도 무거운 짐 내려놓고 쉬려나보다 흙바람 성가시게 내 얼굴을 일그러뜨린다 길 밖으로 어둠 같은 대낮을 어슬렁거리는 새끼 밴 줄무늬고양이 절룩이는 다리가 내 다리처럼 무거워 보인다 손 끝 시린 겨울 너무 길고 어둡다

방

 전봇대에 붙어 오래 비어있는 한 칸 전세방, 가로등 불빛 길다랗게 늘어져 있다 날마다 빈 방엔 저절로 불 켜졌다 꺼지고, 오늘도 만삭의 달만 소리 없이 누누이 묵어간다 경계 없는 허공의 저 방, 별똥별 근심처럼 쏟아져 내리고 기억 속 슬픈 애인은 몇천 번 스쳐가고 오는데 저 홀로 든 달빛인 양 쓸쓸하다

 설운 몸뚱이 가누기조차 힘든 노숙하던 한 영혼 어둠에 실려 간다 전봇대에 붙어 오래 비어있는 한 칸 전세방 전단 바람에 만장처럼 나부낀다

쓸쓸한 풍경

  모퉁이를 도는 흰 옷자락 보면 싸한 찔레꽃 향기 난다 무너져 내리는 빈집의 적요, 그 모퉁이 돌던 노인의 말려진 옷자락처럼 해거름하다 가을 상수리 잎이 떨어진다 그 마른 뿌리에서 열매를 맺다니, 그대여 이 눈 시린 한때 기억하기를, 초록 풀들이 붙드는 이 낡은 기억의 한때, 뼛가루 뿌리는 이 흰 손, 싸한 찔레꽃 향기를

낮잠

　시간의 꼬리를 물고 늘어진 여름한낮이 끈적거리는 허공을 후벼 파고 있다 해를 좇듯 달아나기만 하던 내 허상의 시계가 멈춘다 내리쬐는 화염에 치욕을 틔우는 뜨거운 꽃잎처럼 내 몸에 악의 열꽃 처연하게 핀다 그 꽃, 잠꼬대를 하고 이빨을 간다 내 몸 속 뎅 강뎅강 목이 잘려지는 꽃잎처럼 이방인인 내 팔 다리가 토막 난다 아직도 따뜻한 몸뚱이처럼 꽃잎들 여기 저기 흩어져 숨 헐떡이며 뒹군다 가위 눌려 토막 난 내 낮잠은 어디 멀리 다녀온 시간처럼 길다

노숙

대신동 육교 계단 위
죽은 듯 둥글게 구부린 봇짐 같은,
삐죽 내민 시퍼렇게 얼어터진
맨발
깜깜하다
세상 끝으로 밀려난
노숙하는 겨울
희미해진 불빛 아직 살아있다
가난은 남의 것이라고
슬쩍 눈길 돌려보지만
내 적의의 침묵 닮은 난간에도
때 절은 얼룩
맨발을 드러내고 있다

여름

잠시
바람이라도 왔다 갈 것이지
막바지 더위에
여름이 온통 녹아 내린다

귀로콩국수집
매미소리와 선풍기 바람이 뒤엉키고
삐딱한 의자가 덩달아 삐걱거린다
한쪽 구석 침침한 자리
땀에 찌든 셔츠의 김노인이
입을 훔치며 작은 문짝을
느리게 빠져나간다

뒷모습이
먼 길 떠나는 사람처럼 쓸쓸하다

평상에는 손자의 여름을 쫓는
할머니의 우멍한 눈 속에
간간이 부채만 흔들린다
내리꽂히던 햇살은 어딘가 깊이 박혀 있고
사람들 아직도 지쳐 있는데
어둠만 숨막히게 찾아오는
해거름녘

2

오렌지꽃

휘발되지 않은 내 비밀에서는
아직도 새콤한 오렌지꽃 향기가 난다
죄 안고
시치미 뚝 떼며
능청스럽게 살아간다는 것은
결코 쉬운 일이 아니다
비보호 신호등을 지날 때처럼
언제나 아슬아슬하다
조심스레 주위를 살핀 다음
눈치껏 불안한 과거도 건너가야 한다
외롭게 걸어온 내 발바닥은
이제 거칠고 굳어져 버렸다
그런데도 이따금 불쑥 찾아오는
잊혀지지 않은 기억은 정말 잔인하다
엷은 어둠 적막하게 내려앉는
오렌지꽃 필 무렵 더욱더

상처에도 꽃 핀다

핏덩어리 뭉텅 잘라내던
내밀한 내 풋것의 사랑을
자궁은 오래도록 기억하고 있다
하나의 의미가 될 수 없는 것은
이유를 묻지 않는다
무조건 들이대는 칼날에
반항 한 번 못하고
가차 없이 잘려 나간,
밖으로 내 보내지지 않은 비명 또한
무던한 침묵이었다
덧난 상처가 강한 힘을 키우고 있던 것처럼
봄이면 제 몸 뭉텅 잘려 나간 자리마다
뻬죽 돋아나는 새순
그 끈질긴 목숨들 환하다
상처에도 꽃 핀다

비, 비

 이렇게 비가 오는 날은 온 세상이 출렁거려 말라버린 기억도 축축하게 다 젖는다 이런저런 이유로 아픔이 있고 내려놓지 못한 한숨이 있는 사람들끼리는 굳이 말 한마디 없어도 눈빛만으로 悲에 흠뻑 젖을 줄도 안다 울고 운다고 파고드는 슬픔이 잊혀 질 것도 아닌데 젖은 어둠은 나를 비에 젖게 한다 멀어지는 사람들 뒤로 눈물처럼 비, 悲내린다

백일몽

대낮에 아주 잠깐
깜박 기대어 잠든 내 옆자리에
부패된 시체 걸어 들어와
내 곁에 나란히 누웠다

나는 살아있다
입 안 가득 문
수없는 말을 뱉어내는
또 한 여자

짐승처럼 울부짖으며 달아난다
아무리 발버둥치고 소리쳐도
떼어지지 않는 발자국
나오지 않는 목소리
도처에 길은 천 길 절벽뿐
시간의 바깥으로 걸어 나가는
내 안의 또 다른 난 누구인가
꿈은
철저하게 몇 명의 여자를 내 속에 숨겨놓고 있다

무불사(無佛寺) 가는 길

무불사는 없다
길섶 발가벗고 나서는 상사화
잎과 꽃이 서로 만나지 못하듯
나는 무불사의 부처를 보지 못한다

저 안개 탓이라고 중얼거렸던 한때
있었다
아무리 가도 절은 깊고
무불사는 보이지 않는데 또
올라가는 길 내려오는 길도 없다

산그늘 아래
지초의 시련 다 끌어안은 계류
나무며, 구름이며, 바람의 짧은 근심이며
오래 헤매던 내 그리움이 거기 깃들어 있었다

무불사에서 누가 부처를 찾는가
무불사는 어디에나 있고 또 어디에도
없다
길은 바람을 타고 올라갔다가
다시 구름 속을 거쳐
내 마음 속으로 열리고 있었다

풍금소리

  숨어 피던 내 몸꽃이 푸석푸석 말라간다 붉디붉은 달거리꽃 發火하지 않고, 확 치마 속 불덩이 잿불처럼 사그라든다 지난 봄 너울거리며 내게 왔다가 눌러앉은 관절염, 자꾸만 헛발 딛는 오른쪽 무릎에서 삐걱삐걱 낡은 풍금소리가 난다 폴짝 저 소리 넘어 고무줄 하던 어릴 적 내가 보인다 방향도 없이 바람 한 잎 날린다 머뭇거리다 기적 없이 가버린 플랫폼엔, 길을 묻지 않는 지친 내 두 발만 숨을 고른다 햇살도 쉬어가고 나도 쉬었다 갈 낡은 의자에 못질한다

오래된 소식

  바람 심하고 비 내렸습니다 사서함엔 칠월 수국처럼 목 떨구는 소식이 있습니다 나를 따라 온 희디흰 생각들 눕히고 젖은 신발도 벗어 가지런히 놓았습니다 그 곳은 동굴처럼 깊고 어두웠습니다 습한 동굴 같기도 한, 그러나 개봉하진 않았습니다 다만 맨발로 혹시 꽃이라도 깰까봐 가만 가만 다가가 그 곁에 누웠습니다 빗물이 내 몸 어디선가 뚝뚝 떨어지더군요 바닥을 흘러가는 소리 들려왔습니다 너무 오래되었습니다 당신은 누구였습니까? 나의 누구였습니까?

메니에르

왁자하게 낮이 다녀가고 밤이 왔다
악착스레 소리가 소리를 질러댔지만
칸막이 뒤에 숨어 누가 부르기를 기다리는
종들처럼 그들은 공손했다
메니에르
내가 앓는 病名이라고 누군가 손바닥에 써 주지만
내가 부르던 그대의 이름 같다
닫힌 문 앞에서 다시 열리기를 기다린다
어느 순간
사라진 소리처럼
메니에르, 메니에르
긴 속눈썹 안쓰럽던
슬픈 이름의 그 사람
그대가 떠나자
그대를 닮은 병이 나를 찾아오고
매일 낮은 밝았고 밤 또한 언제나 어두웠다

* 메니에르: 이명을 동반한 어지러움증

둥근 구도

  가끔 바람을 기억하는 나무 곁으로 달려가 왈칵 울고 싶은 날 있다 보리밭처럼 푸릇푸릇한 화장독을 지운다 지워진 자리마다 희미한 마마자국은 내가 꾹꾹 눌러놓은 아픈 화인이다 깊은 상처였던 꽃 몸 절개선 열면 슬픈 향기가 난다 나이테에 숨겨진 향기 그 속에 웅크린 내가 둥글게 탯줄을 감는다

  하루의 둥근 시간이 지루하게 고인다

가벼워진다는 것

 고요를 쟁기질하던 늙은 소의 이력은 햇볕에 단련된 몸뚱이 하나뿐, 제 속 다 비워낸 질긴 가죽의 상처 눈부시다 풀이었을 저 넙적한 뱃가죽, 서럽도록 갸륵한 슬픈 짐승 매구처럼 몸 바꾼다 무엇이든 꾸역꾸역 밀어 넣으려고만 하는 내 팔다리가 허공에 휘청거린다 소가 되려나, 나는 되새김질하듯 죽음의 주머니를 열고 닫는다 묵밭처럼 자란 저 무거운 탐욕, 나는 언제 가벼워지려나, 몸 갚을 수 있는 저 소가 나는 또 되려나

풍치

한 입 베어 문 사과에
피 묻은 잇자국 선명하다
저건
바람에 하르르 떨어진
붉은 꽃잎의 자지러진 비명

무명실에 묶여 뿌리째 빠져나간
젖니 자리
딱지 없는 생채기
질기게 물고 늘어졌던
허연 잇속에 피 흐르고 있다

무엇이든 받아주던
중심이 흔들린다
사과의 단면에
풍치의 한 철이 피워낸 시린 꽃
붉다

조는 동안

꾸벅꾸벅 조는 동안
둥근 세상 삼각형 되어가고
상영 금지된 영화가
또 다시 돌아간다
썩은 냄새 진동하는 관념 속
충혈된 눈과 늘어진 벌건 혓바닥들이
폭염에
끓어 넘치듯
끈적이는 독설을 내뱉는다
조는 동안
누군가의 음모 같기도 한
독설의 꽃 피었다 지고
까맣게 그 열매 익어가나
홑나무가지 끝
벼랑인 줄 모르고 간당간당
목 긴
새
한 마리
앉아
내 오금 떨리게 한다

슬픈 호접몽

  유효기간 지난 밀빵 뜯어먹은 뱃속이 부글거린다 두 눈 감고 있는 동안 지칠 대로 지친 풍경 몸살 앓고, 우듬지 철없이 핀 목련꽃 흰 그림자 바람을 흔든다 뒤집혀진 어두운 잎맥 뒤 꿈틀거리는 애벌레 한 마리, 졸음처럼 몸 벗는 중이다 뜨거운 내 혀가 시를 뱉는 줄 아무도 모르는 것처럼, 애벌레 몸 벗는 중이다 아아, 그러나 슬픈 나의 애벌레는 기어코 나비가 되지 못한다 바늘로 딴 손톱 끝 새빨간 꽃눈 같은 나의 나비여, 날갯짓 없이 애닯은 걸음으로 어디로 가나

3

피다

손사래치는 매화가지에
햇빛 먹은 봄 가득하다

살랑거리는 짧은 스커트
부풀어 툭툭 터지는 황홀한 속옛꽃
슬쩍 엿본 가랑이
물오른다

쉿, 봄바람 지나간다

가을밤에는 졸지 않는 귀가 있다

 점점 여리게 가을 흉벽을 치는 귀뚜라미 울음 힘겹게 지워져간다 구불구불 귓속을 파고드는 허망한 소리들 저 알아들을 수 없는 어둔 말 속에 내가 갇힌다 아직도 나의 주인은 돌아오지 않고 상현달이 허기진 밤을 넘어간다 마른가지 홑잎 같은 어머니 얼굴에 검버섯 자꾸 피는데 울어 줄 손도 멀고 무심하니 또 서러워라 가을밤에는 졸지 않는 귀가 있다 별들 하나둘 심연에 빠지고 뒤돌아 볼 수도 뒤돌아갈 수도 없는 사라지지 않은 오랜 시간들만 깨어 가을 흉벽을 치고 있다

장마

저 비,
왈칵 문지방 넘어 꽃벽지까지 차오른다

아이의 키를 그어놓은 희미한 선 그 아래까지
슬픈 흙탕물

둥둥 비명을 지르며
불그스레 물들어가는 세간들

동네는 점점 흙탕물 속으로 달아나고
벽에 할퀴어진 상처들만 둥둥 떠다니고

황소개구리 울음처럼
도대체 그칠 기미 보이지 않는

저 징글맞은

오래된 배냇힘

  구석진 곳 진달래 분재가 깊은 잠 속에서 깨어나 온몸 세워 일어선다 미라 같이 바싹 마른 검은 몸, 초록 배냇힘으로 싹 틔우고 있다 여리고 환한 몸꽃 피우고 있다 그 새순 가만가만 물 계단 오르고 있다 반반한 자리 골라 조심스럽게 앉혀놓는다 물소리 흐르고 벌 나비 유정하니 환히 봄의 문 열린다 떨리는 내 몸 자꾸 뜨거워진다

햇빛 은유

 환한 방 안, 수많은 햇빛 은유들이 작은 나비처럼 책갈피 속으로 들어온다 저 빛에 한사코 달려드는 먼지들, 책 속엔 "바다가 번들거리는 회색을 띠고 있었고, 괴물의 입김 같은 파도가 사방에서 일어나 수면 위를 달리고 있었다" 저 어지러운 것들, 저것들 틈 속에서 격자무늬 창문도 함께 수면 위를 달린다 오도카니 모은 무릎 사이 햇빛 점점 멀어지고, 보이거나 보이지 않거나 난리법석 떠는 저 부유하는 나비들 침묵처럼 조용하다

절정은 화려하게 폭발한다

 팔공산 벚꽃이 환한 정오처럼 눈부시다 햇살이 소리 없이 다녀간 곳마다 절정은 언제나 폭발한다 수런거리는 길 너머 날아오르는 서럽도록 얇은 꽃잎, 아슬아슬 춤추는 살빛, 눈부신 모순이다 그 풍경 허공에 매달려 바람 환한 정오

봄꽃의 흰 목

봄 저녁
막 돋는 작은 별들
달빛의 살갗 같다
봄꽃의 흰 목 훔쳐보다
기우뚱한 풍경 줌인한다
꽃술 숨은 그림자
검게 인화된 야윈 가지들
난분분, 난분분
봄꽃들 휘날린다
달빛의 살갗 쏟아진다

여름은 가고

처서 지나자
아무 일도 없었다는 듯
지루하고 긴 더운 밤들이
허연 허벅지 사이를 빠져 나간다
귀를 막아도 귓속에
이명처럼 남아 있는 여름
끈적거린다
돌아보면 죄다 숨 막혔던 흔적들 뿐
그래도 광란의 빗속에서 아기가 태어나고
죽음을 보내는 무거운 발걸음은
아무런 소리가 없다
점점 짧아지는 해를 삼킨 붉은 꽃
늙은 목 길게 늘어뜨린다
도돌이표처럼
계절은 또 대문 앞을 서성인다
여름과 가을 사이에

새처럼 날아가다

  낙엽처럼 나뭇가지에 몇 남지 않은 생채기 많은 몸들, 희부연 하늘머리 이고 바람 끝에서 망연하게 흔들리고 있다 떠나기 싫어 발버둥치는 마지막 생의 집착, 가볍고 슬픈 몸이 새처럼 날아간다 팔순 어머니 마른 손바닥 종일 말라 서걱거릴 때, 저 푸른 몸들 따뜻한 그늘 드리운 적 있었으니 이제는 허공에 제 몸 내어 주려나 보다 길 떠난 지 억만 년 된 창백한 허공의 낯빛, 생채기 많은 낙엽이 바람에 온몸 말리고 있다

4월의 어깨

돌아앉은 사월의 어깨는 섹시하다
거꾸로 가는 풍경이
내내 나를 노려본다
가로수 가지마다 햇살 먹은
만발한 꽃들 희고 붉다
일곱 해 살다간 이웃아이
못다 지은 미소처럼 활짝 핀다
쫓고 쫓기며 앞만 보고 달려가는
사람들의 시간
비좁은 길로 늙은 개 어슬렁 걸어가고
타고 가는 기차소리에
오래 앓던 이명이
피다만 두견화처럼 일렁인다
사월이
남사당패처럼 왁자그르르하다
스쳐 가는 전신주 하얀 애자
어름산이 벌어진 물구나무 다리 아래
돌아앉은 그 어깨처럼 섹시하다

긴 하루

햇살 사이로 참새소리
빠져 나간지 오래
늦잠 자고 일어나 기지개를 켠다
간밤에
보도블록 틈 사이
앙증스레 민들레 꽃망울 피우고
짝이 된 오랑캐꽃
햇살에 눈부시다
살짝 바람 스칠 때마다
가슴 설레고
도토리 키 재기 하듯
저것들 까치발 세우는 모양이 귀엽다
벌 나비도 보이지 않고
수문장처럼 주차금지 팻말만
골목을 지키는
긴 하루
침묵하는 허공에
괜한 헛주먹 날려본다

봄산이 분주하다

  봉두난발 봄산이 분주하다
  유학산, 눈 감지 못한 병사들의 흩어진 이름들이 여기저기 제 살 뚫고 새순 밀어 올린다 살아 있었니? 어린 전사 흰 뼈 묻힌 능선마다 의기양양 억새풀이 고개를 쳐든다 초병처럼 나를 노려본다 질기고 긴 꽃들의 전투, 이제는 봄산이다 반도 온통 봄산이다

꽃눈

 야윈 몸에 링거를 맞네 꽃눈 같은 혈관, 오랜 그리움처럼 젖망울 부푸네 아른아른 창밖 비슬산 이마 온통 분홍빛이네 눈빛 날카로운 꽃샘추위 야생의 짐승처럼 소리치며 달려오네 욱신거리는 상처, 저 아래 민들레꽃 지하여인숙 환하게 불 밝히네 신열나는 봄날, 꽃 핀지 오래된 야윈 몸에 느리고 고요하게 꽃눈 트고 있네

4

이슬

더 줄 게 없어
가벼워진 어머니 눈물 같은……

살아있는 말뚝

푸른 그늘 다 날려 보내고
나목이 된 목백합
저 처연함이란
영락없이 살아있는 말뚝이다
겨울로 돌아가는 맨몸
더는
그늘 거두어들이는 일 않아도 되겠다
한 시절 노래하던 매미
몸속에 품어주지 않아도 되겠다
여름을 부수고 파헤치던
길 건너 공사판 근육질 사내들
허공처럼 잠잠하다
올라가다 멈춘
수은주 붉은 긴 목 서늘하고
저 처연한 목백합
지금은 잠시 동안거 중이다

담쟁이

밤 낮 없는 저 낮은 포복
목마른 신음
피 묻은 7월 벽면을 훑고 간다

살 찢어지고
피 번져 나가는 말없는
저 푸르디푸른 길

산다는 것
낮게 엎드려 소리 없이
이렇게 가야 하는가

너도바람꽃

인기척 드문 곳에선
바람도 은밀하다
그녀의 마른 등 뒤로
비밀처럼 불어오는 적요
TV 속 그녀의
유일한 오아시스는 채팅이다
얼굴 검은 사내를
바람 속으로
자꾸 밀어 넣는다
망막 안에 갇힌 바람개비가
쉼없이 팽그르르 돌아간다
빌어먹을 세상
그녀가 지르는 서 살내 나는 홍역에
TV 바깥에서 내가 왜 아프지?
기댈 어깨 없는 작고 가녀린
'너도바람꽃'
저기서 숨죽이며 흔들리고 있다

갈대

가볍고
마른
백발의
무수한
빈 몸들
흔들림
갈등
그 사이
바람처럼
서걱이는
말들의
날개
목
긴
허공이
운다

음지꽃

오래 전에 죽은
검은 새, 검은 나무, 검은 혼령들
검은 입을 벌리고
내게 들러붙는다
쭈뼛 서는 머리카락
어둠의 뒤통수라도 붙잡고 싶다
오도 가도 못하고
한 발짝 한 발짝 들어가는
동굴 속
수수천만년 시방(十方)에 걸쳐 엉킨
비죽 솟은 딱딱한 검은 종유석
검붉게 피어있는 음지꽃
물방울 소리
툭툭 두드러기처럼 자꾸 돋는다
뭉크의 절규처럼
지독한 폐쇄공포증을 앓는 내가
검은 입을 벌린다

幻하게 사라지는

쫓기듯 진눈깨비가
더러는 낭떠러지로 더러는 허공으로
幻하게 사라진다
한낱 풍경으로만 보이는
저, 난분분한 위태로운 절정
내리는 족족 날리다 헛것처럼
사라진다
그러고 보면
내 살아온 날도
어지러웠던 幻 속,
바닥엔 가장 낮은 불빛만
어둠속에서 거리를 헤매고
쌓이지도 않고 채울 수도 없는
카바이트 불빛처럼 덧없었다
환장하고 싶도록
저 진눈깨비
幻하게 사라진다

박넝쿨

이미 반쯤은 썩은
거대한 나무의 몸통에
막무가내 긴 목을 빼는 박넝쿨,
이리저리 헛발 디뎌가며
칭칭 굴레를 씌우고 있다
제 몸보다 무겁게 빈 허공을 얽어매고 있다
빈혈하는 몸에
칠월과 팔월의 푸른 헛것들은 잔인하다
약 · 한 · 것 · 들 · 은 · 죽 · 어
할퀴고 밟아가며 위로위로 기어오르는
저 오만한 결핍의 갈증들이여!
온몸이 욕망인 저 힘센 것들의 음모여!
바람 일자 넝쿨이 휘청거린다
겨우 한 뼘 욕망이 제 모든 것인 줄 모르는
여리디 여린 저것!
가만히 내 왼쪽 어깨를 내어주마
한 번 힘껏 내치지도 못할 내 비굴한 칼날도
박넝쿨 곁에 세워둔다

칸나

붉은 꽃잎이 물고 늘어진
한낮이
끈적거리는 여름 허공을 후벼 파고 있다
데와더르*
악마 같은
저 붉은 꽃무리
7월 땡볕에
고요하게 섬뜩하게 피고
또 피고 있다

* 데와더르: 향수(香水) 이름

낮달, 하늘에 빠지다

우듬지 연둣빛 잎새들
푸른 바람에 주문 걸듯
봄몸 열어 어여쁜 아기 낳는다

오지게 우는 뻐꾹새 소리에
꽃망울 터지고
하늘에 첨벙 낮달 빠져있다

먼 곳 돌아온
저 검고 쪼글쪼글한 열매 하나
새순 속에 묻혀
고요히 흔들리고 있다

여태껏 슬픔 내려놓지 못한 바람의
비린내 나는 상처들
숨겨둔 독처럼 감춰둔 꽃처럼
열매 맺어 여물어간다

거미

기다리는 것은 오지 않는다
허공에 달랑 집 한 채 지어 놓고
길목을 지키며
누군가 오기만 기다린다
왼종일 비만
엿가락처럼 휘어진 그 놈의 집을
관통하고 있다
어디든 피신하려는 기미가
전혀 보이지 않는다
보조개 깊숙한 검은 얼굴
끈적이는 긴 다리
죽은 듯 웅크린 저 모습
슬그머니
어깨를 툭 쳐 본다
흘끔 쳐다보며 놀란 저 눈
꼭 누군가를 닮있다
낯선 곳에서
낯익은 눈빛은
쇠되게 외치던 입처럼
섬뜩하다

이른 봄날을 앓다

 하마, 어쩌다, 저렇게, 파아란 군락 지었을까 곰팡이꽃, 아지랑이 아직 산 너머 있고 상처처럼 눈 군데군데 쌓였는데, 곰팡이꽃, 어쩌자고, 저렇게, 빨리, 맥베드의 아내처럼 미친 아내처럼 독배를 들고 나왔을까 곰팡이꽃, 천년왕국의 거미여왕, 손에 묻은 피가 밤마다 빛나는 유혈의 여왕처럼 곰팡이꽃, 왕조의 궤적 아프게 껴안듯 이른 봄날을 앓는다

生生해서 슬픈

먹다 만 포도의 단내 때문일까
떼거지로 달려들어
한낮을 파먹는
날벌레들의 질긴 집착
더럽다 하면서
단번에 쫓아버리지도
내려치지도 못해
그냥 물끄러미
물끄러미 바라보는
꾸무럭한 여름 지루하다
썩어가는 과일에 달라붙는
그 날벌레들처럼
生生해서 슬픈 내 불온한 기억
또 애꿎게 끄달려 나온다
한낮 폭염에 널부러진 꽃잎처럼
추레한 원피스 꽃무늬가
얼룩진다

곰팡이꽃

며칠 집 비운 사이
먹다 만 밥그릇에
축축한 곰팡이 꽃 피웠다
아무도 모르게 푸르스름한
어둠이 홀로 독 가득 품고
버리지 못한 꿈 피워 내고 있었던 거다
밀쳐낼수록 달라붙는
곰팡이꽃
한 빛만 쐬워도
금방 시들고 말
그런 꽃
내 안에도 피고 있다

잡풀들이

저것들이
어쩌자고 겁도 없이
온통 지들 세상인양
또 묵정밭을 만드나
한여름 이슬방울에도 몸 떨던
상추줄기마저
닭벼슬 붉은 꽃대라니!
키 큰 달뿌리풀, 쑥부쟁이, 달개비
저 잡풀들이
어느새 까치발 디디고 내 허리만큼이나
차 올랐나
한여름 잠시 비워둔 텃밭
잡풀들이
바람에도 이젠 눕지 않고
꺾이지도 않고
억센 잎으로 나를 할퀸다
저것들이
저 잡풀들이

한나절 놀다간 새 한 마리

검은
겨울나무가
뿌리를 하늘로 내렸다
손대지 않아도 뚝뚝 부러질 것 같은
가지 끝에
새 한 마리 흔들리고 있다
날개를 털고 문지르고 햇살 쪼아대고
제 그림자에 걸터앉아
바람 타고 있다
창문 안과 밖
마주친 눈빛 속에
성에꽃이 핀다
흔들기를 멈춘 쏘노씨반한 까만 눈
무색한 시선 먼 곳 바라본다
어여
심심한 건 너 나 마찬가지거늘
너의 움직임과 나의 고요가
한 가지에 앉았구나

5

移葬

윤이월
보름달 속 늑대가 운다
먼 길 달려와 한자리에 모인 가족들
내 검은 옷에서 죽음의 냄새 날린다
억만 광년 떨어진 뭇 별을 따서 들르신 대산골 할아버지
십 년된 아카시아 뿌리째 지고 온 숙부
분분한 붉은 흙
그림자 뼈 조각을 조심스럽게 잇는다
바꾼 자리마다 적당한 간격을 두고
다시 만난 어깨들이
비밀처럼 누워있다
수천의 눈을 가진 황사에 섞여
아우성치는 환상
얼굴이 깨진 내가
거뭇한 흙 냄새와 함께 싸늘한 그림자를 옮긴다

저 소리들

花無十日紅

  산천으로 봄나들이 간다 닐리리야 틀니 달칵거리는 어머니 오늘은 열여섯 살 소녀 같다 닐리리 종일 좋아라 닐리리야 닐리 헤실헤실 웃는 바람난, 닐리리 구름도 덩실 어깨 춤춘다 코티분내 나는 설유화 흰 이마 저토록 눈부신데 꽃잎 한 장 없는 늙은 철쭉나무 더 이상 비린 몸꽃 피우지 않는다 화무십일홍 화무십일홍, 에헤라 꽃 피다 지듯 그냥 봄날 가고 곱게 참빗질하는 어머니 한 생애도 그렇게 간다

심우도

　나날이 무거워지는 삶의 무게 속에서 어머니, 수심 깊은 기억 되새김질하고 계시네요 유도화나무 가지에 앉았다 날아가는 새 한 마리 보고 계시네요 슬픈 소처럼, 야위고 힘겨운 늙은 소처럼 어머니 깊은 산속 오르고 계시네요 오늘도 잔등에 그 무거운 경전 싣고 어두운 수풀 헤치며 검은 내 건너는 제게 음무- 음무- 길 일러 주시네요

손등

내 몸에 마른 꽃 피려나
온몸 스멀스멀 가려워진다

오종종 감꽃 피던 소시쩍
감꽃 주워 목걸이 꿰어주던 울엄마
우연히 보았던 그 손등
연초록 정맥
울음처럼 솟구쳐 올라 있었지

이제 내 무릎 숭숭 바람 들어 시리다
감꽃 목걸이 꿰주던
그때 엄마처럼
어느새 더 짙어진 억센 성맥
내 손등에 번져와
그 울음 솟구치고 있다

몸 울다

 몸져누운 아버지 오래된 집 삐걱거린다 환약처럼 녹아내리는 밤, 남루한 처마 밑 고드름 허옇게 얼어붙는다 지긋지긋 읽지 않은 책들이 누운 아버지 소맷자락 잡고 조금 더 있다 가란다 저승꽃 하염없이 피는 밤, 하늘 문 열렸다 닫혔다 울었다 울지 않았다 동동거리는 식구들 맨발이 시공을 헤매고 돌아온다 아버지 누운 말 없는 자리 몸 울어 축축하게 젖어있다 삭정이 끝에 앉은 참새 너무 고요해 눈 오시는 줄도 몰랐다

가을이 운다

  깜박거리는 형광등, 거꾸로 매달려 말라버린 꽃,
거미줄에 걸린 노을

  그림자에도 발목 잡힐 만큼
무진장 힘들어하는 아버지의 가을이 또
휘뚝거리며 운다
흙에 더 가까운 몸의 아버지
딸을 반기는 깊고 까무레한 눈
소리 없이 타 들어가는
눈물이 말을 막는다

  징징거리는 벽시계, 문갑 위 불기 없는 검은 숯,
구름 사이로 설비치는 가는 햇살 한 줄기, 저 아득한
곳으로 돌아가는

페튜니아꽃

　밤새 빗소리 찰박찰박 어둠을 채운다 '페튜니아꽃은 상한 냄새가 나서 싫구나' 하시던 아버지 그 꽃 속에 나비처럼 누우셨다 입 안 가득 꽃잎을 문 엄마는 천장을 보고 누워있다 얇은 꽃잎 같은 아버지 나비처럼 춤을 춘다 늙음은 가난하고 가볍다 아버지 밤마다 나를 쫓아다니는 불길한 꿈을 꾼다 잡히지 않으려다 내가 허방에 빠진다 정을 떼시려나? 침묵 사이로 나직이 숨 고르는 아버지 다시는 맞을 것 같지 않은 봄날 상한 냄새 나서 싫다던 페튜니아꽃 그 속에 또 아버지를 심는다

내력

이불호청 네 귀가
팽팽하게 햇빛을 잡아당긴다
밀고 당길수록 둥글고 환한 빛가에
오월 석류꽃 붉게 핀다
저 햇빛 속에
일곱 번 금줄을 내다 건 엄마는
석류나무처럼 굽은 허리로
뜨막한 허공을 짚고 일어선다
휙휙 지나가는 먼먼 기억의 찰나들이
그 틈으로 눈물 글썽이며
넘어질듯 쫓아가고 있다
오래된 그 틈에 호청이
간당간당 매달려 필럭인다
이불호청 네 귀를
맞잡은 나와 엄마의 손목을
엄마의 엄마가
그 틈 속으로 햇빛을 집어넣어
또 잡아당기고 있다

저물녘엔 자꾸 목이 메인다

서쪽
앙상한 상수리나무 가지 사이로
불그스름한 그림자
오래도록 어릉거리다 사라진다
저물녘이 되면
캄캄하게 비어 있는 내 몸속으로
별 하나
서러운 사람처럼 찾아오고
찬바람 잽싸게 내 주머니에
손을 집어넣는다
주머니 속 손이 말갛게 눈을 뜬다
목메인 내 마음을 읽고 있다
부러진 목처럼 자꾸 옆으로 눕는
설움 같은 낡은 외투 깃
남은 빛이 떨쳐놓고 간
저문 하늘 보면 자꾸 목이 메인다

얼룩무늬 아들

높이 흔들어 주는 두 손은
살아있는 깃발이다
헤어졌다 또 만나자는
무언의 약속 같은 신호이기도 하다
그리고
얼룩무늬 아들은 전방으로 갔다
대롱거리던 목백합 이파리
힘없이 뚝 떨어진다
공허만 가득 남아있는 빈 방
신나게 두드리다가 갔을 키판에서
뚜-뚜 주인 없는 휴대폰에서
울컥 소리가 만져진다
바람벽을 그은 철조망
보이지 않는 깃발이 펄럭인다
미지근하게 남은 緣의 고리가
세탁기 안에서
끈적끈적 하염없이 돌아간다

작품 해설

관계(關契)의 시

문 무 학(문학평론가)

1. 관계 맺기

 노현수의 시를 읽으면 '관계(關契)'라는 말이 자연스레 떠오른다. '관계'는 ①둘 이상의 사람, 사물, 현상 따위가 서로 관련을 맺거나 관련이 있음 또는 그런 관련. ②어떤 방면이나 영역에 관련이 있음 ③남녀 간에 성교를 맺음을 완곡하게 이르는 말 ④어떤 일에 참견을 하거나 주의를 기울임 또는 그런 참견이나 주의 ⑤('관계로'의 꼴로) 쓰여 '까닭', '때문'의 뜻을 나타낸다.
 이 시집의 시는 모두 '관계'를 소재로 하고 있다. 1부는 관계의 뜻 ④에 해당되는 것으로 세상에 대한 참견(?)이나 주의다. 2부는 ①의 의미로 쓰여 '나'의 삶이 있고, 3부와 4부는 ①과 ②의 의미로 자연과 자연 현상의 관계이며, 5부는 ①의 의미와 ⑤의 의미로 시인과 사람의 관계를 다루고 있다. '관계'를 풀이한 것 중에서 ③의 의미는 없으며, 이른바 식상할 대로 식상한 남녀의 사랑에 대한 이야기마저 없다. 그것이 이 시집의 특색이라면 특색일 수 있으며 노현수 시인은 소재에서 별나지 않으면서 별난 개성을 드러내고 있다.
  시가 어떠해야 한다고 하는 말은 너무 많아서 없는 것과 같지만 노현수의 시를 읽으면 J.C.F 실러가 "시란 냉정한 지식의 영역을 통과해서는 안 된다.……시란 심중에서 우러나오는 것이기 때문에 곧바로 마음으로 통해야 한다."고 한 말이 생각난다. 시인이 둘러싼 모든 환경의 것들을 머리로 굴려낸 것이 아니라 가슴으로 품어냈다는 것을 느낄 수 있게 한다.

2. 세상과의 관계

  노현수 시집 1부의 '환한 어둠'에 나는 '참견'이라는 결코 곱지 않은 말을 갖다 붙인다. 그것은 노현수가 '환한 어둠'이라고 모순어법을 사용했듯이 '가슴으로 하는 참견'이라는 말을 갖다 붙이다. '참견'은 불필요하게 간섭하는 일이지만 '가슴으로 하는 참견'은 불필요한 것이 아니라 일찍이 공자가 말했던 측은지심(惻隱之心)의 다른 말이다. 그것은 말만이 아니고, 그리고 머리도 아니다. 오로지 가슴으로 세상을 읽고 있기 때문이다.

    아무것도 보이지 않는 어미의 눈이 된 어린
  딸, 불안한 돌다리 건너가듯 더듬더듬 보이지 않
  는 생을 두드리며 간다 갈수록 어둠 같은 대낮
  멀기만 하고 한사코 딸아이 손을 놓지 않는 어미
  의 투정, 깊고 캄캄할수록 더 예민해지는 감촉은

제 갈 길을 기억하고 있다 때론 보이지 않던 슬
픈 것들 낮달처럼 내 안에 어룽거리고, 그늘은
희디 흰 빛을 따라 간다
　어둠에 익숙한 구불텅한 길이 어린 몸을 지나
간다
-환한 어둠- 전문

　화자는 지금 딸아이의 손을 잡고 가는 장님을 가슴으로 읽고 있다. 그래서 '더듬더듬' 하지만 예민하며, 슬픔이 어룽거리고 검어야 하는 그늘이 희다. 장님이 가는 길은 곧은 길이라도 구불텅할 수밖에 없는 것 그렇게 읽고 있다. 제목부터 모순 어법을 사용하면서 시 속에서도 모순 어법으로 시적 분위기를 조성해내고 있다.

　이 시에서 이 같은 시적 표현 방법은 '어미의 투정'에서도 드러난다. 투정은 딸아이가 어미에게 하는 것이 상식이지만 이 시에서는 뒤집어 놓는다. 어미가 딸에게 투정을 하는 것이다. 그것이 슬픔이라면 슬픔이다. 그러면서도 애상에 빠지지 않고 담담하게 장님의 길을 읽고 있는 것이다. 여기다 값싼 동정을 덧붙였다면 이만한 시의 격을 갖추지 못했을 것이다.

　1부의 다른 시들, 그러니까 콩국수집의 풍경을 읽은 '여름'이나, 늦여름 5일장 풍경을 읊은 '파장'이나 대신동 육교 계단 위의 '시퍼렇게 얼어터진/ 맨발'을 본 '노숙'이나 모두가 세상에 가슴으로 참견하는 것이다. 시인의 참견은 아름답다. 간섭이 아니라 관계 맺기이기 때문이다. 이 남루한 삶들이 결코 나와 관계없음이 아니라 나와 관계있음으로 끌고 오기 때문이다. 그의 참견은 심하다 싶을 정도다. 다음 작

품을 보라

 배달된 점심 그릇에 덮여온 신문지를 젖히자 냄비 속 엉킨 부적절한 기호들 뜨끈하고, 불그스레한 냄새 방안 가득 뒤덮는다 젓가락 휘저어 건져 올린 생선살, 밥풀 붙은 숟가락들이 들락거리며 부딪힌다 부적절한 난장판의 경고 같은 국물이 흐려지고, 긁힌 자국 더 깊은 빈 그릇이 환하다 뒤집은 신문지엔 양념 묻은 부정, 불륜, 부도덕, 불(不)자로 얼룩져 있고, 여배우 활짝 웃는 입가에도 불그스레한 찌개 국물 묻어있다.
         -허전한 점심-

 어느 초라한 사무실이나 아니면 밥상 하나 제대로 놓을 수 없는 일터일지도 모르겠다. 그런 자리에서 점심을 배달시켜 먹는 풍경이지만 그것은 눈으로 보는 것이 아니다. 가슴으로 읽는 것이다. 공감각적 기법을 활용히어 시를 재미있게 만들었다. 그와 함께 초라한 점심상을 덮어온 신문지엔 세상이 박혀있다. 온통 '불(不)'이 판치는 세상, 예쁘기 그지없는 여배우의 웃음엔 립스틱이 발렸을 것이지만 그것을 찌개 국물로 연결 세상과 관계를 맺어주고 있는 것이다. 그래, 이 세상 그 무엇이, 또 그 누구라도 그 '불(不)'과 전혀 관계없는 삶을 살고 있으랴.

3. 중심의 관계

 인간의 삶은 관계 맺기다. 무엇과 관계하는가는 직

업이 될 것이며, 누구와 관계하는가는 사회가 된다. 그 관계를 위하여 누구라도 인생을 소비하게 되는 것이다. 그 소비자는 모두 그 관계의 중심에 서기를 원한다. 그리고 깊이 따지지 않아도 누구에게나 세상의 중심은 그 스스로가 된다. 결국 스스로가 세상의 중심이라고 인정하지 못하는 삶은 실패한 삶이 되는 것이다.
 중심에 서기 위한 고민, 그것은 욕심이 아니라 스스로의 삶을 바르게 세우기 위한 몸부림이다. 바르게 세우기 위하여 내가 누구인가를 묻지 않을 수 없는 것이다. 시인 노현수는 많은 것들을 바라보면서 그 대상을 통해 내가 누구인가를 자꾸 물어보고 있다. 그 대답은 결코 쉬 들을 수 있는 것은 아니겠지만 그야말로 많이 묻다보면 대답을 들을 수 있지 않을까 싶은 것이다.

> *무불사는 없다*
> *길섶 발가벗고 나서는 상사화*
> *잎과 꽃이 서로 만나지 못하듯*
> *나는 무불사의 부처를 보지 못한다.*
>
> *저 안개 탓이라고 중얼거렸던 한때*
> *있었다*
> *아무리 가도 절은 깊고*
> *무불사는 보이지 않는데 또*
> *올라가는 길 내려오는 길도 없다.*
>
> *산그늘 아래*
> *지초의 시련 다 끌어안은 계류*

>   나무며, 구름이며, 바람의 짧은 근심이며
>   오래 헤매던 내 그리움이 거기 깃들어 있었다.
>
>   무불사에서 누가 부처를 찾는가
>   무불사는 어디에나 있고 또 어디에도
>   없다
>   길은 바람을 타고 올라갔다가
>   다시 구름 속을 거쳐
>   내 마음 속으로 열리고 있었다.
>   -무불사(無佛寺) 가는 길- 전문

 무불사(無佛寺), 실제 그런 절이 있는지 없는지 잘 모르겠거니와 그런 절의 유무에는 관심 가질 이유도 없다. 어쨌든 그 절 이름 자체가 시가 아닌가 생각된다. 이 작품에서 시인의 성숙한 의식을 만날 수 있다. 부처가 없는 절인가, 절은 있으되 부처가 없는가, 아니면 부처도 절도 없는가. 그런데 절의 이름이 '무불사'리, 이 쯤 되면 불교에서 말하는 화두가 될 만한 것 아닌가.
 필자는 '무불사'를 '삶'이라는 말로 바꾸어 읽는다. 삶이 무엇인지 모르고 열심히 살고 있는 너와 나 그리고 우리의 삶을 이 시는 노래하고 있는 것이다. 첫째 연을 나는 삶을 보지 못한다는 말로 묶고 둘째 연을 보지 못하는 까닭을 나 아닌 남의 탓으로 돌렸던 적 있다는 고백을 하면서 1연의 의미를 2연의 후반부에서 더욱 강조하고 있다.
 셋째 연은 삶이 갖는 갖가지 양상이다. 그늘이니 시련이니 근심이니 헤맴이나 그리움 같은 것 삶은 그렇게 짜여지는 것 아니겠는가. 그 사실을 절이 있을

법한 계곡으로 형상화해 삶을 들여다보고 있는 것이다. 마지막 연에서 "어디에나 있고 또 어디에도 없다."는 표현은 절망도 체념도 아니고 담담한 수용이다. 그리고 삶의 그 모든 것은 "내 마음 속으로 열리고 있었다."는 표현으로 마무리 지어 마치 경전 한 구절을 읽는 느낌을 갖게 한다.

시인의 나 찾기는 이쯤에서 마무리 된 것 아닌가 생각되기도 하지만, 시인의 물음은 편지 한통에까지도 내가 누구냐는 물음을 던지고 있다.

> 바람 심하고 비 내렸습니다. 사서함엔 칠월 수국처럼 목 떨구는 소식이 있습니다. 나를 따라온 희디 흰 생각들 눕히고 젖은 신발도 벗어 가지런히 놓았습니다. 그곳은 동굴처럼 깊고 어두웠습니다. 습한 동굴 같기도 한, 그러나 개봉하진 않았습니다. 다만 맨발로 혹시 꽃이라도 깰까봐 가만 가만 가다가 그 곁에 누웠습니다. 빗물이 내 몸에 뚝뚝 떨어지더군요. 바닥을 흘러가는 소리 들려왔습니다. 너무 오래되었습니다. 당신은 누구였습니까? 나의 누구였습니까?
> －오래된 소식－ 전문

삶의 모든 것을 내 마음 속으로 끌어들인 시인은 작품의 배경을 아주 어둡고, 또 아주 경건하게 설정하고 있다. 불안한 풍경을 제시하며 그리 편안치 않을, 혹은 무거운 소식일 것 같은 예감에 젖어 있다. 그러나 그것은 편하지 않아서 혹은 무거워서 경건하게 맞이해야 할 것인지도 모른다. 개봉하진 않았어도 슬픔이 비치고 가슴 밑바닥을 물소리로 흘러간다. 가슴 밑바닥에 쯤에 가라앉아 있는, 그래서 지금은 꺼내도 아무 소용없는 것임을 슬픔이라 말하지 않고 그냥 빗물에 묻어둔다.

이 작품에서 우리의 삶에서 '과거'는 어떤 의미를 갖는가 하는 것을 생각하게 한다. 지나가 버린 것, 그것은 아무짝에도 소용없는 것이 아니라 그 소용없음 들이 쌓여서 내 삶의 역사가 되고 어느 날 바람처럼 불어와 기쁨이 되기도 하고 슬픔이 되기도 하는 오늘이 되는 것이다. 그래서 이 시의 마지막 행들은 절규로 들린다.

그러고 보면 우리는 관계의 중심이 시공간을 초월하여 나 스스로가 된다는 것을 이해할 수 있게 된다. 노현수 시인이 2부의 시들에서 특히 내 몸의 변화나 또는 병(病)을 통해서 자기 자신을 들여다보았다. 특히 '둥근 구도'나 '메니에르', '풍금소리' 같은 작품에서 스스로의 몸에서 찾아내는 삶의 모습은 차라리 처연해서 아름답다. 그 긴숙한 표현의 행간에서 시인은 "상처에도 꽃 핀다."라는 메시지를 던져주고 있다. 삶은 그렇게 상처 속에서 꽃을 피우는 마력을 가진 것, 그 억지 같은 위로가 우리의 삶을 가꾸는 힘을 북돋워 주고 있다.

4. 자연과의 관계

관계 짓기는 삶을 가꾸는 힘을 만드는 것이다. 안다는 것도 모르는 것들과 관계를 맺는 것이라고 말할 수 있다. 노현수의 시는 그런 관계를 사람에 한정하는 것이 아니라 자연이나 자연 현상에까지 밀고 간다.

> 구석진 곳 진달래 분재, 깊은 잠 속에서 깨어나 온몸 세워 일어선다 미라 같이 바싹 마른 검은 몸, 초록 배냇힘으로 싹 틔우고 있다. 여리고 환한 몸꽃 피우고 있다. 그 새순 가만가만 물 계단 오르고 있다. 반반한 자리 골라 곱게 앉혀 놓는다 벌 한 마리 날아오고 꽃 피고 지고 내 몸은 자꾸 가렵다
> 　　　　　　　　　　-오래된 배냇힘- 전문

　노현수 시인의 관계 맺기가 자연으로 옮겨지면 세상이나 사람과의 관계 맺기에서 보다는 많이 밝아진다. 시 '오래된 배냇힘'이 그것을 아주 잘 증명해준다. '깨어나', '일어선다', '틔우고 있다', '피우고 있다', '오르고 있다', '앉혀 놓는다', '자꾸 가렵다' 같은 시어들을 보라 움직임의 이미지와 소극적인 것에서 적극적인 것으로 옮겨지는 그 어떤 힘 같은 것이 느껴지지 않는가. 자연이 인간을 얼마나 많이 위로하고 있는가를 이 작품이 잘 보여주고 있는 셈이다.

　자연이 인간에게 위로와 가르침을 준다는 것은 널리 알려진 일이다. 장 자크 루소는 "자연을 보라, 그리고 자연이 가르치는 길을 따라 가라."고 했고, B. 디즈레일리도 "자연의 걸음걸이에 맞추어라. 자연의 비밀은 인내이다."라고 썼다. 이 같은 명구 이상의 힘을 이 작품이 독자에게 주고 있다. 삶은 어둡고 칙칙하지만, 시인이 바라보는 자연은 밝고 상큼하다. 이런 경향은 '햇빛 은유', '절정은 화려하게 폭발한다' 등 3부의 많은 작품들에서 건강하게 자리 잡고

있다.

  4부의 작품에서도 시인은 밝음과 관계를 맺는다. 4부의 많은 작품들이 면밀한 관찰을 통해서 얻어진 것으로 시각 이미지에 의존하는 바가 크지만 그 외연이 넓어서 창출되는 시적 의미가 결코 만만하지 않다.

> 푸른 그늘 다 날려 보내고
> 나목이 된 목백합
> 저 처연함이란
> 영락없이 살아있는 말뚝이다
> 겨울로 가는 맨몸
> 더는
> 그를 거두어들이는 일 않아도 되겠다
> 한 시절 노래하던 매미
> 몸속에 품어주지 않아도 되겠다
> 여름을 부수고 파헤치던
> 길 건너 공사만 근육질 사내들
> 허공처럼 잠잠하다
> 올라가다 멈춘
> 수은주 붉은 긴 목 서늘하고
> 저 처연한 목백합
> 지금은 잠시 동안거 중이다
>   -살아있는 말뚝- 전문

  이 작품은 아주 치밀하게 짜여진 그물 같은 느낌을 준다. 초겨울이 시적 배경이다. 목백합은 잎을 다 떨구고 섰다. 그것을 처연함으로 보다가 반전시켜 시적 존재 이유가 될 위로의 언어와 희망의 언어로 바꾸어

낸다. '거두어 들이는 일' 하지 않아도 되고, '품어 주지 않아도 되'는 편안함으로 읽어내는 것이다. 잎 떨군 목백합을 보고 그것이 처연함 그것만으로 읽는 다면 시인이 아닌 것이다. 보이지 않는 그 무엇을 보아냈기 때문에 이 시가 성공하는 것이다.

'올라가다 멈춘/ 수은주 붉은 긴 목' 수사가 화려한 편이다. 날씨가 추워진다는 말을 이렇게 바꾸어 말할 수 있으니 시인이다. 목백합이 잎을 떨구고 서 있는 것은 꼴불견이 아니라 '지금은 잠시 동안거 중'인 것이다. 동안거가 무엇인가. 스님들이 음력 시월 보름부터 이듬해 정월 보름까지 일정한 곳에 머물며 수도하는 일 아닌가. 그렇다. 겨울 목백합은 죽은 것이 아니라 겨울 내내 수도 하는 것이다. 이 작품의 의미를 더욱 확대시키면 시인 스스로의 삶을 비춰낸 것이라고 읽어도 괜찮으리라.

4부의 여러 작품들 이를테면 '이슬'이나 '담쟁이', '너도바람꽃', '갈대', '음지꽃', '박넝쿨', '칸나', '거미', '곰팡이 꽃' 등이 대상에 대한 면밀한 관찰을 통해 시적 의미를 캐내고 있다. 이는 깊은 관계, 철저히 아는 관계를 맺는 것으로 이해해도 좋으리라 믿는다. 노현수 시의 의미 뻗기는 결국 삶의 관계 뻗기로 이어지는 것이다.

5. 가족과의 관계

사람이 한 생을 살아가면서 그 스스로가 선택하여 관계를 맺는 경우가 많지만, 개인의 의지와는 전혀 관계없이 맺어지는 관계가 있다. 그것은 운명이라는 말로 표현될 수 있는 것인데 가족 관계가 그 대표적인 것이 될 것이다. 시인은 그런 관계에 대해서도 성찰을 아끼지 않았다.

 윤이월
 보름달 속 늑대가 운다
 먼 길 달려와 한자리에 모인 가족들
 내 검은 옷에서 죽음의 냄새 날린다
 억만 광년 떨어진 뭇 별을 따서 들르신 대산골
할아버지
 십 년된 아카시아 뿌리째 지고 온 숙부
 분분한 붉은 흙
 그림자 벼 조각을 조심스럽게 잇는다
 바꾼 자리마다 적당한 간격을 두고
 다시 만난 어깨들이
 비밀처럼 누워있다
 수천의 눈을 가진 황사에 섞여
 아우성지는 환생
 얼굴이 깨진 내가
 거뭇한 흙냄새와 함께 싸늘한 그림자를 옮긴다

 저 소리들
-移葬- 전문

이른바 혈연을 노래한 작품이다. 이 작품에서 우리는 관계의 소중함, 이른바 혈연이 끈이 어떻게 잡혀지고 있는가를 보여준다. 작품의 의미를 확장시키기 위해 시인은 신화처럼 접근해서 신화처럼 마무리했다. 제목까지도 한글을 쓰지 아니하고 한자로 쓴 것은 이 작품이 주는 무게를 감당하게 하리라는, 어쩌면 먼 시대를 연상케 하는 의미까지도 갖는 것이다.

'비밀처럼 누워 있'는 관계의 대상이 내 얼굴을 깬 것이다. '얼굴이 깨진 내'의 표현이 신선하다. 만약 여기서 이렇게 표현하지 않고 눈물이나 슬픔 같은 것으로 표현했다면 얼마나 싱거워지겠는가. '移葬'은 우리의 전통이 얼마나 관계를 소중히 하는 것인가를 잘 보여준다. 移葬의 대상이 된 사람은 시적 화자가 평생 보지 못한 사람일수도 있다. 그러나 그런 사람들까지에도 관계를 지속하여 위하여 손을 뻗는 행위가 되는 것이다.

노현수 시인의 이런 관계 맺기는 위로만 향하는 것이 아니라 아래로도 자연스럽게 이어짐을 보여주고 있다.

> 높이 흔들어 주는 두 손은
> 살아있는 깃발이다
> 헤어졌다 또 만나자는
> 무언의 약속 같은 신호이기도 하다
> 그리고
> 얼룩무늬 아들은 전방으로 갔다
> 대롱거리던 목백합 이파리
> 힘없이 뚝 떨어졌다
> 공허만 가득 남아있는 빈 방
> 신나게 두드리다가 갔을 키판에서
> 뚜-뚜 주인 없는 휴대폰에서
> 울컥 소리가 만져 진다
> 바람벽을 그은 철조망
> 보이지 않는 깃발이 펄럭인다

> 미지근하게 남은 *緣*의 고리가
> 세탁기 안에서
> 끈적끈적 하염없이 돌아간다
> *-얼룩무늬 아들-*

 이 작품을 통해서 시인의 '緣'에 대한 관심을 충분히 읽을 수 있다. 이 작품은 군에 간 아들이 휴가를 왔다가 다시 부대로 돌아간 뒤의 어머니의 마음을 노래한 것이다. 이런 소재라면 감정에 치우치기가 십상이다. 그러나 노현수는 여기서 대단한 절제력을 보이고 있다. 울음이 나오는 것까지도 '울음'이라고 쓰지 않고 '울컥 소리가 만져진다.'고 썼다. 그 뿐이 아니다. 금방 돌아간 아들이 다시 보고 싶을 것이지만 절제한다. 아들이 벗어놓고 간 옷을 세탁기에 넣으면서 울지 않은 어미가 어디 있겠는가. 그러나 시인은 '미지근하게 남은 연의 고리가 세탁기 안에서 끈적끈적 하염없이 돌아간다.'고 표현 감장 절제의 미를 보여주고 있다..
 미지근함이라니 그건 오랜 지속을 의미하는 것일 것이다. 쉽게 뜨거워진 것은 쉽게 식겠지만 미지근함은 더 오래 지속되는 것이다. 혈연이 아닌 남녀 간의 만남은 곧잘 뜨겁게 표현되지만 가족 간의 사랑은 뜨거움이라고 표현하지 않고 '끈끈함'이니 '끈적끈적'으로 연결되지 않는가. 시인이 쉬 감정에 빠지기 쉬운 소재로 이성적 혹은 비유적 언어를 사용하여 감정을 잘 조절해내고 있는 것이다. 이 쯤 되면 그의 시적 능력을 높이 평가해도 흠이 되지 않을 것이다.
 5부의 작품 중 '이장'의 '대산골 할아버지'와 '얼룩무늬 아들'의 사이에 어머니가 있다. 시인은 어머니와의 관계를 '花無十日紅'에서 '틀니 달각거리는 어머니'로 '심우도'에서 '음무- 음무- 길 일러 주'는 어미로, '손등'에서 '감꽃 주워 목걸이 꿰어주던 엄마'로 , '내력'에서 '이불 호청 네 귀를 맞잡은 엄마의 손목' 등으로 관계를 끈을 맞잡고 있음을 보여주고 있다.

  가족과의 관계 맺기가 5부 시의 주류라면 가장 많아야 할 시적 소재가 어머니가 될 것이다. 그러나 이 시집에선 그리 많은 편이 아니다. 어머니를 노래하지 않은 시인이 어디 있는가. 아마 이런 이유들이 노현수 시인이 어머니를 소재로 한 시의 수를 적게 했으리라 여겨진다. 그리 많지 않은 작품들에서 '엄마'와 '어미' 그리고 '어머니'가 똑같은 대상을 지칭하는 것이 아닐 수도 있다는 사실을 느낄 수 있게 해 준 것은 시인의 언어 감각이 얼마나 예민한가를 잘 보여주는 예가 되었다.

6. 관계의 닫힘과 열림

  노현수 시인의 시집 『방』은 관계의 '방(傍)'일 수도 있고, 관계의 '방(房)'일 수도 있다. '방(榜)'은 알림 혹은 열림이고 '방(房)'은 숨김 혹은 닫힘이다. 시인은 관계를 알리기도 하고 숨기기도 하는 것이다.

  시집 '방'은 노현수의 방(房)에서 뛰쳐나온 관계적 양상의 방(榜)이다. 오래 숨겨져 있던 것이어서 반가움이 되고 놀라움이 되기도 한다. 이 시집은 노현수 생애의 최초의 시집이며 그의 삶을 적극적으로 공개하는 첫 번째 방(榜)이기도 하다.

세상과의 관계, 자연과의 관계, 가족과의 관계를 예리하게 관찰, 관계의 그물망을 촘촘히 살피며 인생을 읽어나간 것이다. 감각적 언어가 독자에게 그대로 감각되게 하는 힘을 가져 공감의 폭을 넓히고 있다. 그 힘은 바로 그의 가슴에서 오래 머물렀던 것이 튀쳐나왔기 때문일 것이다. 훌륭한 시가 현학성의 노출에서 태어나는 것이 아니라는 잘 보여 주고 있다.

 특히 노현수의 시는 그의 방(房)에서 그려낸 방(榜)이라는 점에서 개성을 확보한다. 별나지 않음 속에다 별남을 숨기고 있는 것이다. 세상과 자연과 가족과 자신을 줄긋기 하는 데에 그만의 방법이 있고 그 방법은 흔하지 않은 것들이라서 주목하게 했다.

 노현수의 방(榜)과 방(房)은 이제 뭇사람들에게 회자될 것이다. 시의 소재가 그렇고, 신선한 표현이 그렇고, 예리한 관찰력과 상상력이 빚은 시세계가 그렇다. 그리고 노현수의 시가 예술의 본령이라고 할 수 있는 인간 혹은 상처에 대한 위로와 깊이 관계하고 있음은 시석 성공을 예감케 하는 것이었다.

작가콜로퀴엄 시인선 ❽
방

지은이 • 노현수
펴낸이 • 김숙자
펴낸곳 • 도서출판 작가콜로퀴엄
2010년 5월 20일 제1판 1쇄 발행
706-844 대구 수성구 지산동 1249-1
TEL 053-782-4743 FAX 053-782-4703
출판등록 1999년 6월 14일 제112호
www.taeguwriters.org, taeguwriter@hanmail.net
＊저자와 협의하여 인지를 생략합니다

값 7,000원
잘못된 책은 바꿔드립니다